I0164350

一途な信奉者の育成

一途な信奉者の育成

教会設立運動へとつながる小さなグループ、家庭教会、そしてミッション達成のための短期間の旅行を推進するためのマニュアル。

ダニエル・B・ランカスター博士　著

T4T プレス　発行

2011年　初版

不許複製。この本のいかなる部分の、いかなる形式・方法（あらゆる記録媒体による電子複写、録音含む）による複製・転載も、著者の許可なしには禁じられています。ただし、レビュー中の短い引用のみは許可されています。

コピーライト2011、ダニエル・R・ランカスターによる

ISBN 978-1-938920-18-9 印刷

すべての聖書の引用句は、とくに断わりのない限り、HOLY BIBLE, NEW INTERNATIONAL VERSION®, NIV® copyright © 1973, 1978, 1984 by International Bible Society. より、ゾンダーヴァン社の許可の下、引用されています。不許複製。

　　　（NLT）と記された聖書の引用句は、Holy Bible, New Living Translation, Copyright © 1996, 2004, used by permission of Tyndale House Publishers, Inc., Wheaton, Illinois, 60189. より引用されたものです。不許複製。

　　　（NASB）と記された聖書の引用句は、NEW AMERICAN STANDARD BIBLE ®, Copyright © 1960, 1962, 1963, 1968, 1971, 1972, 1973, 1975, 1977, 1995 by The Lockman Foundation. より引用されたものです。不許複製。

　　　（HCSB）と記された聖書の引用句は、Holman Christian Standard Bible® Copyright © 2003, 2002, 2000, 1999 by Holman Bible Publishers. より引用されたものです。不許複製。

　　　（CEV）と記された聖書の引用句は、Contemporary English Version Copyright © 1995 by American Bible Society. より引用されたものです。要使用許可。

図書館における出版時図書目録（CIP）データ

ダニエル・B・ランカスター

一途な信奉者の育成：教会設立運動へとつながる小さなグループ、家庭教会、そしてミッション達成のための短期間の旅行を推進するためのマニュアル。／ダニエル・B・ランカスター

参照書誌情報を含む。

ISBN 978-1-938920-18-9

1. イエスの教えの布教トレーニング：信奉の基礎-アメリカ合衆国。Ⅰ。タイトル。

目次

トレーニング

歓迎...5
繁殖...11
愛...19
祈り...27
追従...37
歩み...45
行くこと...53
分かち合い.......................................61
種まき...69
受け入れ...77

参考文献

トレーナーのトレーニング.........................83
シンプルな礼拝...................................89
さらなる学習.....................................93

1

歓迎

「歓迎」とは、トレーナーと学習者を引き合わせ、トレーニングセッションまたはセミナーを開くことです。トレーナーは、学習者に対し、身振りとともに、以下のようなイエスの8つの絵を提示します。それは、兵士、探求者、羊飼い、種をまく人、息子、聖なる人、召使い、そして財産管理人です。人は聞いて、見て、行うことによって学ぶので、イエスの教えの布教トレーニングは、各々のセッションにおいてこれらの学習スタイルを取り入れています。

　聖書は、聖霊が私たちの先生であると言います。学習者は、トレーニングの間中、聖霊を信頼することを勧められます。このセッションは、トレーナーと学習者の間に、よりリラックスした雰囲気をもたらす、イエスの信奉者の集まった「ティー・ショップ」を開くところで終わります。

賞賛

はじめに

トレーナーの紹介

学習者の紹介

イエスの紹介

聖書の中の8つのイエスの絵

兵士
　　　剣を挙げなさい。

探求者
　　　目の上に手をあて、前後を見なさい。

羊飼い
　　　まるで人々を集めるかのように、あなたの体
　　　の方に腕を動かしなさい。

種をまく人
　　　手から種をまきなさい。

息子
　　　まるで食べているかのように、あなたの体の
　　　方に手を動かしなさい。

聖なる人
　　　お決まりの「祈りの手」のポーズに手を組ん
　　　でください。「イエスは聖なる人、私たちは
　　　聖徒となるよう召された」

召使い
　　　ハンマーを巧みに使いなさい

🖐 財産管理人

> シャツのポケットや財布からお金を取り出し
> なさい。

私たちが最も良く学ぶための３つの方法とは？

🖐 聞くこと

> あなたの耳の周りに手をかざしなさい。

🖐 見ること

> あなたの目を指差しなさい

🖐 行うこと

> あなたの手でうねるような動きを示してくだ
> さい。

エンディング

ティー・ショップが開店したよ！ ☙

ルカによる福音書第7節31-35章

だから今の時代の人々を何に比べようか。彼らは何
に似ているか。それは子供たちが広場にすわって、
互いに呼びかけ、『私たちが笛を吹いたのに、あな
たたちは踊ってくれなかった。弔いの歌を歌ったの
に、泣いてくれなかった』と言うのに似ている。な
ぜなら、バプテスマのヨハネがきて、パンを食べる
ことも、ぶどう酒を飲むこともしないと、あなたが

たは、おれは悪霊につかれているのだ、と言い、ま
た人の子がきて食べたり飲んだりしていると、見
よ、あれは食をむさぼる者、大酒を飲む者、また収
税人、罪人の仲間だ、と言う。しかし、知恵の正し
いことは、その全ての子が証明する。（CEV）」

2

繁殖

「繁殖」は、財産管理人としてのイエスを表しています。財産管理人たちは、彼らの時間と財産に対する良きリターンを欲しています。学習者は、実り多きものへのヴィジョンを、1）神の人類に対する最初の命令、2）イエスの人類に対する最後の命令、3）222の信条、そして、4）ガラリヤの海と死海の違いについて、を、探求することで、獲得することができきます。

　　このレッスンは、他者をトレーニングすることと、ただ教えることとの間に見られる「収穫物」、あるいは成果の違いを実演するアクティブ・ラーニング・スキットで終わります。学習者たちは、どのようにして神の世界を賞賛し、祈り、学ぶのかを、他の人々にトレーニングさせ、宣教するよう求められます。このような時間、財産そして誠実さを投資することにより、学習者はイエスと天国で会ったときに、彼にすてきな贈り物をすることができるのです。

賞賛

祈り

学習

復習

イエスの教えの布教を助ける聖書の中の8つの絵とは何ですか？

私たちの精神世界は、風船のようなものです。

イエスはどのようですか？

マタイによる福音書第6章20-21節

むしろ自分のため、虫も食わさず、さびもつかず、また、盗人らが押し入って盗み出すことのない天に、宝をたくわえなさい。あなたの宝のある所には、心もあるからである。

財産管理人

🖐 シャツのポケットや財布からお金を取り出すまねをしなさい。

12

財産管理人のする3つの事とは何ですか？

マタイによる福音書第25章14-28節

また天国は、ある人が旅に出るとき、その僕どもを呼んで、自分の財産を預けるようなものである。すなわち、それぞれの能力に応じて、ある者には5タラント、ある者には2タラント、ある者には1タラントを与えて、旅に出た。

5タラントを渡された者は、すぐに行って、それで商売をして、ほかに5タラントもうけた。2タラントの者も同様にして、ほかに2タラントもうけた。しかし、1タラント渡された者は、行って地を堀り、主人の金を隠しておいた。

だいぶ時がたってから、これらの僕の主人が帰ってきて、彼らと計算をしはじめた。すると5タラント渡された者が進み出て、ほかの5タラントをさし出して行った、『ご主人様、あなたは私に5タラントをお預けになりましたが、ごらんのとおり、ほかに5タラントもうけました』。主人は彼に言った、『良い忠実な僕よ、よくやった。あなたはわずかなものに忠実であったから、多くのものを管理させよう。主人と一緒に喜んでくれ』。2タラントの者も進み出て言った『ご主人様、あなたは私に2タラントお預けになりましたが、ごらんのとおり、ほかに2タラントもうけました』。主人は彼に言った、『良い忠実な僕よ、よくやった。あなたはわずかなものに忠実であったから、多くのものを管理させよう。主人と一緒に喜んでくれ』。1タラントを渡された者も進み出て言った、『ご主人様、私はあなたが、まかない所から刈り、散らさない所から集める酷な人であることを承知していました。

そこで恐ろしさのあまり、行って、あなたのタラントを地の中に隠しておきました。ごらんください。ここにあなたのお金がございます』。すると、主人は彼に答えて言った、『悪い怠惰な僕よ、あなたは私が、まかない所から刈り、散らさない所から集めることを知っているのか。

それなら、私の金を銀行に預けておくべきであった。そうしたら、私は帰ってきて、利子と一緒に私の金を返してもらえたであろうに、さあ、そのタラントをこの者から取りあげて、10タラント持っている者にやりなさい。 (HCSB)

1. _____

2. _____

3. _____

神の人類に対する最初の命令は何だったのでしょう？

創世記　第1章28節

神はまた、彼らを祝福し、このように神は彼らに仰せられた。「生めよ。ふえよ。地を満たせ。地を従えよ。海の魚、空の鳥、地を這う全ての生き物を支配せよ。」 (NASB)

_____

神の人類に対する最後の命令は何だったのでしょう？

マルコによる福音書　第16章15節

そして彼らに言われた。「全世界に出て行って、全ての造られたものに福音を宣べ伝えよ。」

私たちはどのようにして、よく産み、繁殖するのですか？

テモテへの手紙第2　第2章2節

そして、あなたが多くの証人の前で私から聞いたことを、さらにほかの者たちにも教えることのできるような忠実な人々に、ゆだねなさい。*(NASB)*

ガラリヤ海／死海 ♋

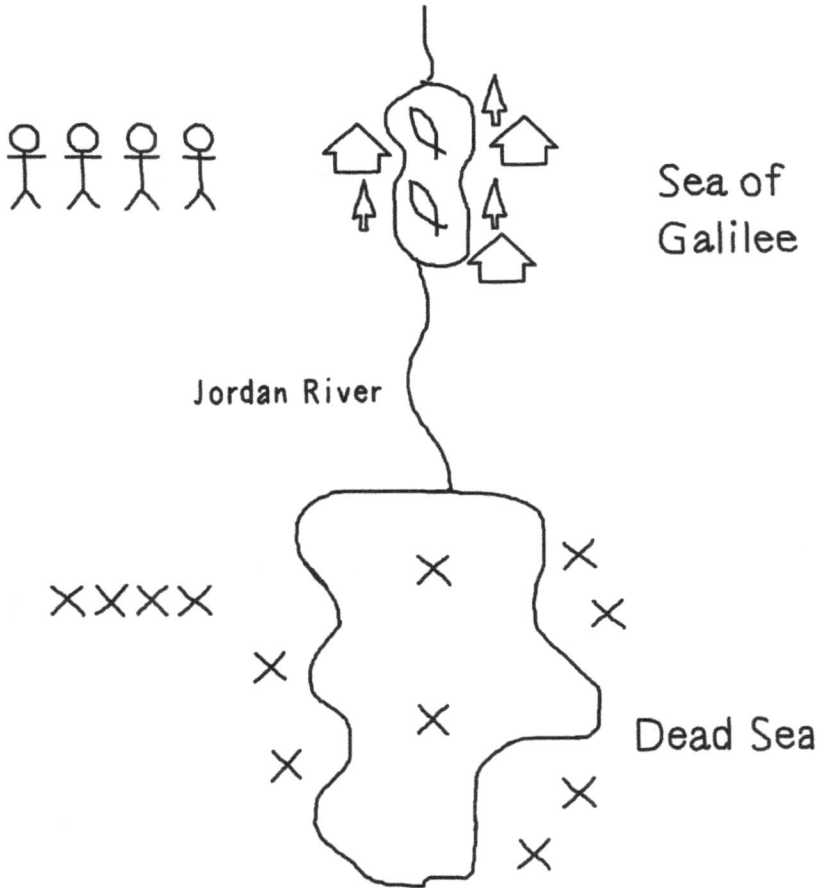

Sea of Galilee

Jordan River

Dead Sea

節を覚えなさい

ヨハネによる福音書　第15章8節

あなたがたが実を豊かに結び、そして私の弟子となるならば、それによって、私の父は栄光をお受けになるであろう。

練習

「ペアのうち、若い方の人がリーダーです。」

エンディング

イエスの贈り物 ⚭

🖐 賞賛し、
　　　　神に祈るために手を挙げましょう

🖐 祈り、
　　　　お決まりの祈りのポーズをしましょう

🖐 聖書を学びます
　　　　本を読んでいるかのように手のひらを上にし
　　　　ましょう

🖐 他者に、イエスについて教えます
　　　　種を蒔いているかのように手を外に向けま
　　　　す。

3

愛

「愛」は、羊飼いとしてのイエスを学習者に紹介します。羊
飼いは、導き、保護し、そして羊に養います。私たちは、神
のみ言葉によって教えるときに、人々を「養い」、しかし、
私たちが神について最初に人々に教えるべきことは何なので
しょうか?学習者は、最も重要ないましめを学び、愛の源が
何であるのかを突き止め、そして最も重要ないましめに基づ
き、どのようにして崇拝すればよいのかを見いだします。

　学習者は、鍵となる4つの要素によって、シンプルな信奉
者のグループを率いる練習をします：賞賛（神を心から愛す
ること）、祈り（神を魂から愛すること）、聖書の話（神を
精神から愛すること）、そして練習のスキル（このことによ
り、神を全力で愛することができます）です。最後のスキッ
ト「羊と虎」では、信者の中に多くの信奉者のグループがあ
ることの重要性を実演します。

賞賛

祈り

1. 私は今日、救済すべき亡くなった人々に対して、どのようにして祈ることができましょうか?
2. 私たちは、あなたがトレーニングしているグループのために、どのように祈ることができますか?

- もしもパートナーがまだ誰もトレーニングした経験がないのならば、その人の影響力の及ぶ範囲にいる、トレーニングを始めるのに相応しい人のために祈りなさい。
- パートナーたちは共に祈ります。

学習

復習

イエスの教えの布教を助ける、聖書の中の8つのイエスの絵とは何ですか?

複製

財産管理人のする3つの事とは何ですか?

神の人類に対する最初の命令は何だったのでしょう?

神の人類に対する最後の命令は何だったのでしょう?

私たちはどのようにして、よく産み、繁殖するのですか?

イスラエルにある2つの海の名前は何ですか?

どうしてそれらはそんなに異なるのですか？
あなたはどちらのようになりたいですか？

イエスはどのようですか？

マルコによる福音書　第6章34節

イエスは船から上がって大ぜいの群衆をごらんになり、飼う者のない羊のようなその有様を深くあわれんで、いろいろと教えはじめられた。　(NASB)

🖐 羊飼い

まるで人々を集めているかのように、あなたの体の方に手を動かしなさい。

羊飼いのする3つの事とは何ですか？

詩篇　第23章1-6節

主は羊飼い、私には何も欠けることがない。主は私を青草の原に休ませ、憩いの水のほとりに伴い、魂を生き返らせてくださる。主は御名にふさわしく、私を正しい道に導かれる。死の陰の谷を行くときも、私は災いを恐れない。あなたが私と共にいてくださる。あなたの鞭、あなたの杖、それが私を力づける。私を苦しめる者を前にしても、あなたは私に食卓を整えてくださる。私の頭に香油を注ぎ、私の杯を溢れさせてくださる。命のある限り、恵みと慈しみはいつも私を追う。主の家に私は帰り、生涯、そこにとどまるであろう。　(NASB)

1. _____

2. _____

3. _____

他者に教えるべき、最も大事ないましめはなんですか？

マルコによる福音書　第12章28-31節

ひとりの律法学者がきて、彼らが互いに論じ合っているのを聞き、またイエスが巧みに答えられるのを認めて、イエスに質問した、「全てのいましめの中で、どれが第一のものですか。」イエスは答えられた、「第一のいましめはこれである、『イスラエルよ、聞け、主なるわたしたちの神は、ただひとりの主である。心をつくし、精神をつくし、思いをつくし、力をつくして、主なるあなたの神を愛せよ。』第二はこれである、『自分を愛するようにあなたの隣人を愛せよ。』これより大事ないましめは、ほかにない。」

1. _____

　　🖐 神に向かって、手を上方へ向けなさい。

2. _____

　　🖐 人々に向かって、手を外側に向けなさい。

愛はどこから来るのですか？

ヨハネ第一の手紙　第4章7-8節

愛する者たちよ。わたしたちは互に愛し合おうではないか。愛は、神から出たものなのである。全て愛する者は、神から生まれた者であって、神を知っている。愛さない者は、神を知らない。神は愛である。(HCSB)

🖐 神から受け取るかのように手を上げ、そして愛を神に返しましょう。

🖐 神から受け取るかのように手を上げ、そして愛を他者に与えるかのように手を広げましょう。

シンプルな崇拝とは？

🖐 賞賛

神の賞賛の内に、手を上方へ向けなさい。

🖐 祈り

お決まりの「祈りの手」のポーズをしなさい。

🖐 学習

まるで本を読むかのように、手のひらを上に向けてください。

🖐 練習

> まるで種を蒔くかのように、手を前後に動か
> しなさい。

私たちはどうしてシンプルな崇拝をするのですか？

マルコによる福音書　第12章30節

> 心をつくし、精神をつくし、思いをつくし、力をつ
> くして、主なるあなたの神を愛せよ。

私たちは…	手振り
神を心から愛します	🖐 心に手をあて、そして神の賞賛の内に、手を上方へ向けなさい。
神を魂から愛します	🖐 手を握り、そしてお決まりの祈りのポーズをしてください。
神を精神から愛します	🖐 まるで考えているかのように頭の右側に手を当て、そしてまるで本を読むかのように、手のひらを上に向けて下さい。
神を全力で愛します	🖐 腕を挙げて筋肉を曲げ、そして種を蒔くかのように、手を前後に動かしなさい

シンプルな崇拝のためには、何人の人が集まれば良いのですか？

マタイによる福音書　第18章20節

2人または3人が、わたしの名によって集まっている所には、わたしもその中にいるのである。

節を覚えなさい

ヨハネによる福音書　第13章34-35節

わたしは、新しいいましめをあなたがたに与える、互いに愛し合いなさい。わたしがあなたがたを愛したように、あなたがたも互いに愛し合いなさい。互いに愛し合うならば、それによって、あなたがたがわたしの弟子であることを、全ての者が認めるであろう。(NLT)

練習

「ペアのうち、年上の人がリーダーです。」

エンディング

シンプルな崇拝

1. _____

2. _____

3. _____

どうして信奉者のグループを始めることがあなたにとって重要なのですか？

羊と虎 **൦ଃ**

4

祈り

「祈り」は、聖なる人としてのイエスを学習者に紹介します。神は聖なる一生を過ごし、私たちのために十字架上で死にました。神は、私たちがイエスに従って聖人になるよう仰せになりました。聖人は神を崇拝し、聖なる生を生き、他者のために祈ります。「イエスの教えの布教トレーニング」では、私たちは、神を賞賛し、罪を償い、私たちに必要なものを神に求め、そして私たちに神がなすよう求めることをなすよう、祈ります。

　神は、私たちの祈りに対し、以下の4つのうちの1つのお答えを出されます：いいえ（私たちが間違った動機で求めたならば）、ゆっくりしなさい（時が熟していないならば）、成長なさい（神が答えをなすまで、私たちは成長する必要があったならば）、行きなさい（私たちが神のみ言葉と意志に沿って祈ったとき）。学習者たちは、エレミア書第33章3節に基づき、神の電話番号である3-3-3を覚え、神を毎日「呼ぶ」必要があります。

賞賛

祈り

1. 私は今日、救済すべき亡くなった人々に対して、どのようにして祈ることができましょうか？
2. 私たちは、あなたがトレーニングしているグループのために、どのように祈ることができますか？

学習

伝言ゲーム ❧

イエスの教えの布教を助ける聖書の中の8つの絵とは何ですか？

複製

財産管理人のする3つの事とは何ですか？
神の人類に対する最初の命令は何だったのでしょう？
神の人類に対する最後の命令は何だったのでしょう？
私たちはどのようにして、よく産み、繁殖するのですか？
イスラエルにある2つの海の名前は何ですか？
どうしてそれらはそんなに異なるのですか？
あなたはどちらのようになりたいですか？

愛

羊飼いのする3つの事とは何ですか？
他者に教えるべき、最も大事ないましめはなんですか？
愛はどこから来るのですか？
シンプルな崇拝とは？

私たちはどうしてシンプルな崇拝をするのですか？
シンプルな崇拝のためには、何人の人が集まれば良いので
すか？

イエスはどのようですか？

ルカによる福音書　第4章33-35節

すると、汚れた悪霊につかれた人が会堂にいて、大
声で叫びだした。「ああ、ナザレのイエスよ、あな
たわたしたちと何の係わりがあるのです。わたした
ちを滅ぼしにこられたのですか。あなたがどなたで
あるか、わかっています。神の聖者です」。イエス
はこれをしかって、「黙れ、この人から出て行け」
と言われた。すると悪霊は彼を人のなかに投げ倒
し、傷を負わせずに、その人から出て行った。

「イエスは聖なる人です。彼は、私たちが崇拝する唯
一の方です。彼は、神の座の前に私たちを連れて行き
ます。彼は、私たちに、他者を連れて行き、彼へと繋
がる聖なる生を生きるようお召しになります。イエス
は唯一の聖なる人です。私たちは、聖徒になるために
召されるのです。」

🖐 お決まりの「祈りの手」のポーズに手を組ん
でください。

29

聖人のする3つの事とは何ですか？

マタイによる福音書　第21章12-16節

それから、イエスは宮にはいられた。そして、宮の庭で売り買いをしていた人々をみな追い出し、両替人の台や、はとを売る者の腰掛けをくつがえされた。そして彼らに言われた、「『わたしの家は、祈りの家ととなえられるべきである』と書いてある。それだのに、あなたがたはそれを強盗の巣にしている。」そのとき宮の庭で、盲人や足なえがみもとにきたので、彼らをおいやしになった。しかし、祭司長、律法学者たちは、イエスがなされた不思議なわざを見、また宮の庭で「ダビデの子に、ホザンナ」と叫んでいる子どもたちを見て立腹し、イエスに言った、「あの子たちは何を言っているのか、お聞きですか。」イエスは彼らに言われた、「そうだ、聞いている。あなたがたは『幼な子、乳のみ子たちの口に賛美を備えられた』とあるのを読んだことがないのか。」

1. ＿＿＿＿＿＿＿＿＿＿＿＿＿＿＿＿＿＿＿

2. ＿＿＿＿＿＿＿＿＿＿＿＿＿＿＿＿＿＿＿

3. ＿＿＿＿＿＿＿＿＿＿＿＿＿＿＿＿＿＿＿

私たちはどのようにして祈るべきですか？

ルカによる福音書　第10章21節

そのとき、イエスは聖霊によって喜びあふれて言われた、「天地の主なる父よ。あなたをほめたたえます。これらの事を知恵ある者や賢い者に隠して、幼

な子にあらわしてくださいました。父よ、これはまことに、みこころにかなった事でした。」(NASB)

1. _____

✋ 崇拝のために手を挙げる。

ルカによる福音書　第18章10-14節

「ふたりの人が祈るために宮に上った。そのひとりはパリサイ人であり、もうひとりは収税人であった。パリサイ人は立って、ひとりでこう祈った、『神よ、わたしはほかの人たちのような貪欲な者、不正な者、姦淫をする者ではなく、また、この収税人のような人間でもないことを感謝します。わたしは1週に2度断食しており、全収入の10分の1をささげています。』ところが、収税人は遠く離れて立ち、目を天に向けようともしないで、胸を打ちながら言った、『神様、罪人のわたしをおゆるしください』と。あなたがたに言っておく。神に義とされて自分の家に帰ったのは、この収税人であって、あのパリサイ人ではなかった。おおよそ、自分を高くする者は低くされ、自分を低くする者は高くされるであろう。」(CEV)

2. _____

✋ 手のひらを返し、顔を覆い、顔を背ける。

ルカによる福音書　第11章9節

そこでわたしはあなたがたに言う。求めよ、そうすれば、与えられるであろう。捜せ、そうすれば見い

だすであろう。門をたたけ、そうすれば、あけてもらえるであろう。*(HCSB)*

3. _____

🖐 手を受け取るための器状にする。

ルカによる福音書　第22章42節

「父よ、みこころならば、どうぞ、この杯をわたしから取りのけてください。しかし、わたしの思いではなく、みこころが成るようにしてください。」*(HCSB)*

4. _____

🖐 祈りのために手は組まれ、尊敬を象徴するため、額の先に高く掲げられる。

一緒に祈ること

神はどのようにして私たちに答えるのか？

マタイによる福音書　第20章20-22節

そのとき、ゼベダイの子らの母が、その子らと一緒にイエスのもとにきてひざまずき、何事かをお願いした。そこでイエスは彼女に言われた、「何をして欲しいのか。。彼女は言った、「わたしのふたりのむすこが、あなたの御国で、ひとりはあなたの右に、ひとりは左にすわれるように、お言葉をください。」イエスは答えて言われた、「あなたがたは、

自分が何を求めているのか、わかっていない。わたしの飲もうとしている杯を飲むことができるか。」彼らは、「できます」と答えた。

1. _____

✋　「いいえ」を意味するよう、首を横に降ります。

ヨハネによる福音書　第11章11-15節

そう言われたが、それからまた、彼らに言われた、「わたしたちの友ラザロが眠っている。わたしは彼を起こしに行く。」すると弟子たちは言った、「主よ、眠っているのでしたら、助かるでしょう。」イエスはラザロが死んだことを言われたのであるが、弟子たちは、眠って休んでいることをさして言われたのだと思った。するとイエスは、あからさまに彼らに言われた、「ラザロは死んだのだ。そして、わたしがそこにいあわせなかったことを、あなたがたのために喜ぶ。それは、あなたがたが信じるようになるためである。では、彼のところへ行こう。」

2. _____

✋　徐行する車のように、手を下に押しなさい。

ルカによる福音書　第9章51-56節

さて、イエスが天に上げられる日が近づいたので、エルサレムへ行こうと決意して、その方へ顔をむけられ、自分に先立って使者たちをおつかわしになった。そして彼らがサマリヤ人の村へはいって行き、

イエスのために準備をしようとしたところ、村人は、エルサレムへむかって進んで行かれるというので、イエスを歓迎しようとはしなかった。

弟子のヤコブとヨハネとはそれを見て言った、「主よ、いかがでしょう。彼らを焼き払ってしまうように、天から火をよび求めましょうか。」イエスは振りかえって、彼らをおしかりになった。そして一同はほかの村へ行った。(NLT)

3. _____

✋ 手を、成長している植物の輪郭にしなさい

ヨハネによる福音書　第15章7節

よく聞きなさい。それと同じように、罪人がひとりでも悔い改めるなら、悔い改めが必要としない99人の正しい人のためにもまさる大きいよろこびが、天にあるであろう。」

4. _____

✋ 「はい」を意味するよう、首を縦にふり、「行きなさい」を意味するよう、手を前にしなさい。

節を覚えなさい

ルカによる福音書　第11章9節

そこでわたしはあなたがたに言う。求めよ、そうすれば、与えられるであろう。探せ、そうすれば見い

だすであろう。門をたたけ、そうすれば、あけても
らえるであろう。

練習

「ペアのうち、背の低い方の人がリーダーです。」

神の電話番号 ଔ

エレミア書　第33章3節

わたしに呼び求めよ、そうすれば、わたしはあなた
に答える。そしてあなたの知らない大きな隠されて
いる事を、あなたに示す。*(NASB)*

2つの手−10本の指 ଔ

5

追従

「追従」は、召使いとしてのイエスを学習者に紹介します。召使いは、人々を助けます。彼らは、謙虚な心をモチ、そして彼らは主人に従います。イエスが彼の父である神に仕え、従うように、私たちはイエスに仕え、従います。全ての力を持てる者として、彼は4つの従うべき戒めを私たちに与えました：行きなさい、信奉者を育てよ、洗礼せよ、そして、彼が命じたことすべてに従え、と。イエスはまた、彼がいつも共にあることを約束しました。イエスが命令を下したとき、私たちはいつでも、すぐに、心から、それに従うべきでありますす。

人生の嵐は全ての人に訪れますが、しかし、賢い人はイエスのいましめに従うことでその人生を設計します。愚か者はそうしません。最後に、学習者は、信奉者のセミナーの終わりに彼らが示す彼らの収穫物の地を描いた使徒行伝第29章の地図を始めます。

賞賛

祈り

1. 私は今日、救済すべき亡くなった人々に対して、どのようにして祈ることができましょうか?
2. 私たちは、あなたがトレーニングしているグループのために、どのように祈ることができますか?

学習

ファンキー・チキン・ダンスを踊りなさい! ○3

復習

イエスの教えの布教を助ける、聖書の中の8つのイエスの絵とは何ですか?

複製

財産管理人のする3つの事とは何ですか?
神の人類に対する最初の命令は何だったのでしょう?
神の人類に対する最後の命令は何だったのでしょう?
私たちはどのようにして、よく産み、繁殖するのですか?
イスラエルにある2つの海の名前は何ですか?
どうしてそれらはそんなに異なるのですか?
あなたはどちらのようになりたいですか?

愛

羊飼いのする3つの事とは何ですか?
他者に教えるべき、最も大事ないましめはなんですか?

愛はどこから来るのですか？
シンプルな崇拝とは？
私たちはどうしてシンプルな崇拝をするのですか？
シンプルな崇拝のためには、何人の人が集まれば良いのですか？

祈り
聖人のする3つの事とは何ですか？
私たちはどのようにして祈るべきですか？
神はどのようにして私たちに答えるのか？
神の電話番号は何ですか？

イエスはどのようですか？

マルコによる福音書　第10章45節

人の子がきたのも、仕えられるためではなく、仕えるためであり、また多くの人のあがないとして、自分の命を与えるためである。(NLT)

🖐 打ちつけるふりをしなさい。

召使いのする3つの事とは何ですか？

ピリピ人への手紙　第2章5-8節

キリスト・イエスにあっていだいているのと同じ思いを、あなたがたの間でも互に生かしなさい。キリストは、神のかたちであられたが、神と等しくあることを固守すべき事とは思わず、かえって、おのれ

をむなしうして僕のかたちをとり、人間の姿になられた。その有様は人と異ならず、

おのれを低くして、死に至るまで、しかも十字架の死に至るまで従順であられた！

1. _____

2. _____

3. _____

誰が世界で最も高い権威を持っているのですか？

マタイによる福音書　第28章18節

イエスは彼らに近づいてきて言われた、「わたしは、天においても地においても、いっさいの権威を授けられた。」

_____

イエスが全ての信者に下した4つの命令とは何ですか？

マタイによる福音書　第28章19-20章a

それゆえに、あなたがたは行って、すべての国民を弟子として、父と子と聖霊との名によって、彼らにバプテスマを施し、あなたがたに命じておいたいっさいのことを守るように教えよ。

1. _____

   ✋ 5つの指を歩いている人のように動かしなさい

2. _____

   ✋ シンプルな崇拝の、4つの手ぶり全てを使い
   ましょう：賞賛、祈り、学習、練習。

3. _____

   ✋ あなたの手を、ひじにあてましょう。まるで
   誰かが洗礼を受けているかのように、ひじを
   上下に動かしましょう。

4. _____

   ✋ まるで本を読んでいるかのように、手のひら
   を一緒にし、そしてまるで人々に教えている
   かのように、「本」を上下左右に動かしまし
   ょう。

私たちはどのようにしてイエスに従うべきですか？

1. _____

   ✋ 右手を左側から右側へと動かして下さい。

2. _____

　　　✋ 切るような動きで、手を上から下に動かしま
　　　　しょう。

3. _____

　　　✋ 胸で手を十字にし、それから、神に祈るよう
　　　　なポーズで手を上げなさい。

イエスは全ての信者に対して、何を約束していましたか？

　　　マタイによる福音書　第28章20節b

　　　*見よ、わたしは世の終わりまで、いつもあなたがた
　　　と共にいるのである。*

節を覚えなさい

　　　ヨハネによる福音書　第15章10節

　　　*もしわたしのいましめを守るならば、あなたがたは
　　　わたしの愛のうちにおるのである。それはわたしが
　　　わたしの父のいましめを守ったので、その愛のうち
　　　におるのと同じである。(NLT)*

練習

　　　「ペアのうち、背の高い方の人がリーダーです。」

エンディング

真実の土台に基づいて建てる ❧

マタイによる福音書　第7章24-25節

それで、わたしのこれらの言葉を聞いて行うものを、岩の上に自分の家を建てた賢い人に比べることができよう。

雨が降り、洪水が押し寄せ、風が吹いてその家に打ちつけても、倒れることはない。岩を土台としているからである。

マタイによる福音書　第7章26-27節

また、わたしのこれらの言葉を聞いても行わない者を、砂の上に自分の家を建てた愚かな人に比べることができよう。雨が降り、洪水が押し寄せ、風が吹いてその家に打ちつけると、倒れてしまう。そしてその倒れ方はひどいのである。(CEV)

使徒行伝第29章の地図 - パート1 ❧

6

歩み

「歩み」は、学習者たちに、息子としてのイエスを紹介します。息子／娘は彼／彼女の父を賞賛し、統合を望み、そして家族に成功して

欲しいと望みます。父はイエスを「愛されし者」と呼び、聖霊はその洗礼においてイエスに近づきました。イエスは、聖霊の力に頼ったがために、彼の奉仕において成功しました。

同様に、私たちは私たちの人生において、聖霊の力に頼るべきです。私たちは、聖霊に関する4つの従うべき命令を有します：聖霊と共に歩みなさい、聖霊を悲しませてはいけない。、聖霊によって満たされなさい、そして聖霊を消してはなりません。イエスはいま、私たちと共におられ、ガラリヤの道に佇む人ですら助けます。もしも、私たちが人生に、心からイエスに従うことを遠ざけている問題を抱え、癒しを必要としているのなら、イエスを呼ぶことができます。

賞賛

祈り

1. 私は今日、救済すべき亡くなった人々に対して、どのようにして祈ることができましょうか？
2. 私たちは、あなたがトレーニングしているグループのために、どのように祈ることができますか？

学習

ガス欠 ☙

復習

イエスの教えの布教を助ける、聖書の中の8つのイエスの絵とは何ですか？

複製

財産管理人のする3つの事とは何ですか？
神の人類に対する最初の命令は何だったのでしょう？
神の人類に対する最後の命令は何だったのでしょう？
私たちはどのようにして、よく産み、繁殖するのですか？
イスラエルにある2つの海の名前は何ですか？
どうしてそれらはそんなに異なるのですか？
あなたはどちらのようになりたいですか？

愛

羊飼いのする3つの事とは何ですか？
他者に教えるべき、最も大事ないましめはなんですか？

愛はどこから来るのですか？
シンプルな崇拝とは？
私たちはどうしてシンプルな崇拝をするのですか？
シンプルな崇拝のためには、何人の人が集まれば良いので
すか？

祈り

聖人のする3つの事とは何ですか？
私たちはどのようにして祈るべきですか？
神はどのようにして私たちに答えるのか？
神の電話番号は何ですか？

追従

召使いのする3つの事とは何ですか？
誰が世界で最も高い権威を持っているのですか？
イエスが全ての信者に下した4つの命令とは何ですか？
私たちはどのようにしてイエスに従うべきですか？
私たちは私たちに何を約束されましたか？

イエスはどのようですか？

マタイによる福音書第3章16-17節

イエスは洗礼を受けるとすぐ、水から上がられた。
すると、見よ、天が開け、神の御霊がはとのように
自分の上に下ってくるのを、ごらんになった。また
天から声があって言った、「これはわたしの愛する
子、わたしの心にかなう者である」。 (HCSB)

🖐 まるであなたが食べているかのように、手を
口に向かって動かしなさい。息子はたくさん
食べます！

息子がする3つのこととは何ですか？

ヨハネによる福音書　第17節4, 18-21章

わたしは、わたしにさせるためにお授けになったわざをなし遂げて、地上であなたの栄光をあらわしました。あなたがわたしを世につかわされたように、わたしも彼らを世につかわしました。また彼らが真理によって聖別されるように、彼らのためわたし自身を聖別いたします。

わたしは彼らのためばかりではなく、彼らの言葉を聞いてわたしを信じている人々のためにも、お願いいたします。父よ、それは、あなたがわたしのうちにおられ、わたしがあなたのうちにいるように、みんなの者が一つとなるためであります。すなわち、彼らをもわたしたちのうちにおらせるためであり、それによって、あなたがわたしをおつかわしになったことを、世が信じるようになるためであります。(NLT)

1. _____

2. _____

3. _____

イエスの奉仕はなぜ成功したのでしょうか？

ルカによる福音書　第4節14章

_____

イエスは信者に磔刑の前で聖霊について約束したことは何でしょう？

ヨハネによる福音書　第14節16-18章

わたしは父にお願いしよう。そうすれば、父は別に助け主を送って、いつまでもあなたがたと共におらせて下さるであろう。それは真理の御霊である。この世はそれを見ようともせず、知ろうともしないで、それを受けることができない。あなたがたはそれを知っている。なぜなら、それはあなたがたと共におり、またあなたがたのうちにいるからである。わたしはあなたがたを捨てて孤児とはしない。あなたがたのところに帰って来る。

1. _____

2. _____

3. _____

4. _____

イエスは受難の後、信者に聖霊に関して何を約束したのでしょう？

使徒行伝　第1章8節

ただ、聖霊があなたがたにくだる時、あなたがたは力を受けて、エルサレム、ユダヤとサマリヤの全土、さらに地のはてまで、わたしの証人となるであろう。(NLT)

聖霊に関する、4つの従うべき命令とは何ですか？

ガラテア人への手紙　第5章16節

わたしは命じる。御霊によって歩きなさい。そうすれば、決して肉の欲を満たすことはない。(NASB)

1. _____

　　　🖐　両手の指を「歩く」仕草にしなさい。

エペソ人への手紙　第4章30節

神の聖霊を悲しませてはいけない。あなたがたは、あがないの日のために、聖霊の証印を受けたのである。(HCSB)

2. _____

　　　🖐　泣いているかのように目をこすり、それから
　　　　「いいえ」を意味するよう首を横にふりなさ
　　　　い。

エペソ人への手紙　第5章18節

酒に酔ってはいけない。それは乱行のもとである。むしろ聖霊に満たされて… (NLT)

3. _____

　　　🖐　両手で、あなたの足から手までをなぞる動作
　　　　をなさい。

テサロニケ人への第一の手紙 第5章19節

御霊を消してはいけない。 (NASB)

4. _____

🖐 右の人差し指をろうそくのようにたてなさ
い。それを吹き消そうとしているかのように
ふるまいなさい。「いいえ」を意味するよう
首を横にふりなさい。

節を覚えなさい。

エペソ人への手紙　第7章38節

*わたしを信じる者は、聖書に書いてあるとおり、そ
の腹から生ける水が川となって流れ出るであろう。*

練習

「ペアのうち、ミーティングの場所から遠い人がリー
ダーです。」

エンディング

イエスはここaにいらっしゃいます。　🙌

ヘブル人への手紙　第13章8節

*イエス・キリストは、きのうも、きょうも、いつま
でも変わることがない。(CEV)*

マタイによる福音書　第15章30-31節

すると大ぜいの群衆が、足なえ、不具者、盲人、おし、そのほか多くの人を連れてきて、イエスの足もとに置いたので、彼らをおいやしになった。群衆は、おしが物を言い、不具者が直り、足なえが歩き、盲人が見えるようになったのを見て驚き、そしてイスラエルの神をほめたたえた。

ヨハネによる福音書　第10章10節

盗人が来るのは、盗んだり、殺したり、滅ぼしたりするためにほかならない。わたしがきたのは、羊に命を得させ、豊かに得させるためである。

7

行くこと

「行くこと」は、探求者としてのイエスを紹介します。探求者はあたらしい場所、失われた人々、そして新しい機会を探します。どのようにして、イエスは行き、務めを果たすのでしょう？彼は彼自身でそれをしません。彼は、神が働いている場所がどこか探します。彼は神に交わります。彼は神が彼を愛し、彼に見せてくれることを知っています。私たちはどのようにして務めを果たすべき場所を決心すればよいのでしょう？−同じことをイエスがなしたように。

　神はどこで働いているのでしょう？彼は貧しき者、囚人、病人、そして、抑圧された者のうちにいらっしゃいます。神が働いている他の場所は、私たちの家族のなかです。彼は私たちの家族全体を救いたいのです。学習者は、使徒行伝第29章の地図を用いて、

賞賛

祈り

1. 私は今日、救済すべき亡くなった人々に対して、どのようにして祈ることができましょうか？
2. 私たちは、あなたがトレーニングしているグループのために、どのように祈ることができますか？

学習

復習

イエスの教えの布教を助ける、聖書の中の8つのイエスの絵とは何ですか？

愛

羊飼いのする3つの事とは何ですか？
他者に教えるべき、最も大事ないましめはなんですか？
愛はどこから来るのですか？
シンプルな崇拝とは？
私たちはどうしてシンプルな崇拝をするのですか？
シンプルな崇拝のためには、何人の人が集まれば良いのですか？

祈り

聖人のする3つの事とは何ですか？
私たちはどのようにして祈るべきですか？
神はどのようにして私たちに答えるのか？
神の電話番号は何ですか？

追従

召使いのする3つの事とは何ですか？
誰が世界で最も高い権威を持っているのですか？
イエスが全ての信者に下した4つの命令とは何ですか？
私たちはどのようにしてイエスに従うべきですか？
イエスがすべての信者に与えた約束とは何ですか？

歩み

息子のする3つの事とは何ですか？
イエスの奉仕の力の源は何ですか？
イエスは信者に磔刑の前で聖霊について約束したことは何でしょう？
イエスは受難の後、信者に聖霊に関して何を約束したのでしょう？
聖霊に関する、4つの従うべき命令とは何ですか？

イエスはどのようですか？

ルカによる福音書　第19章10節

人の子がきたのは、失われたものを尋ね出して救うためである。(NASB)

✋ 目の上に手を当てて、前後を見ましょう。

探求者のする3つの事とは何ですか？

マルコによる福音書　第1章37-38節

そしてイエスを見つけて、「みんなが、あなたを探しています」と言った。イエスは彼らに言われた、

「ほかの、附近の町々にみんなで行って、そこでも教えを宣べ伝えよう。わたしはこのために出てきたのだから。」

1. _____

2. _____

3. _____

どのようにして、イエスは務めを果たすべき場所を決定するのでしょう？

ヨハネによる福音書　第5章19-20節

さて、イエスは彼らに答えて言われた、「よくよくあなたがたに言っておく。子は父のなさることを見てする以外に、自分からは何事もすることができない。父のなさることであればすべて、子もそのとおりにするのである。なぜなら、父は子を愛して、みずからなさることは、すべて子にお示しになるからである。そして、それよりもなお大きなわざを、お示しになるであろう。あなたがたが、それによって不思議に思うためである。

1. _____

🖐 1つの手を胸に当てて、首を「いいえ」と横にふりましょう。

2. _____

🖐 1つの手を目に当てて、左右を探しましょう。

3. _____

✋ あなたの前の場所を指差して、あなたの首を
「はい」と縦にふりましょう。

4. _____

✋ 祈るために手を挙げ、胸の前で十字を切りま
しょう。

私たちはどのようにして務めを果たすべき場所を決心すればよいのでしょう？

ヨハネによる福音書　第2章5-6節

母は僕たちに言った、「このかたが、あなたに言いつけることは、なんでもして下さい」。そこには、ユダヤ人のきよめのならわしに従って、それぞれ四、五斗もはいる石の水がめが、六つ置いてあった。(NLT)

もし神が働いているのなら、私たちはどのようにしてそれを知ることができますか？

ヨハネによる福音書　第6章44節

わたしをつかわされた父が引きよせて下さらなければ、だれもわたしに来ることはできない。わたしは、その人々を終わりの日によみがえらせるであろう。

イエスはどこで働いているのですか？

ルカによる福音書　第4章18-19節

「主の御霊がわたしに宿っている。貧しい人々に福音を宣べ伝えさせるために、わたしを聖別してくださったからである。主はわたしをつかわして、囚人が解放され、盲人の目が開かれることを告げ知らせ、打ちひしがれている者に自由を得させ、主のめぐみの年を告げ知らせるのである」。

1. _____

2. _____

3. _____

4. _____

イエスが働いているその他の場所はどこですか？

悪霊につかれた男　－　マルコによる福音書第5章

コルネリウス　－　『使徒行伝』第10章

フィリッピの囚人　－　『使徒行伝』第16章

節を覚えなさい

ヨハネによる福音書　第12章26節

もしわたしに仕えようとする人があれば、その人はわたしに従って来るがよい。そうすれば、わたしの

おる所に、わたしに仕える者もまた、おるであろう。もしわたしに仕えようとする人があれば、その人は父を重んじて下さるであろう。*(NLT)*

練習

「ペアのうち、最も兄弟が多い人がリーダーです。」

エンディング

使徒行伝第29章の地図 – パート2 ∞

8

分かち合い

「分かち合い」は、兵士としてのイエスを紹介します。兵士は、敵と戦い、困難に耐え、そして捕虜を解放します。イエスは兵士です。私たちが彼に従うとき、私たちもまた、兵士となるのです。

　私たちが神の働いている場所に交わったらすぐに、私たちは精神的な戦争状態に出会います。信者たちは、どのようにして悪魔を倒すのでしょう？私は十字架上のイエスの死、証言の共有、そして我々の信念のために死ぬことを恐れないことによって彼を倒します。

　パワフルな証言は、私がイエスに会う以前の私の人生はどうであったか、私がイエスにどのようにして会ったか、そしてイエスと共に歩むことで私たちの人生に起こった変化はどのようなものであったのかを共有することを含みます。証言は、私たちの共有時間を3-4分にし、改宗歴を共有しないことにし（なぜならば、年数は問題にならないからです）、不信仰者にもわかりやすい言葉を用いることでより効果を増します。

　このセッションは、コンテストで終わります。これは、40人の失われた人々の名前を書く早さを競います。賞品は、1位、2位、3位の者に与えられますが、私たちが私たちの証言

をどのようにして与えるかを学んだとき、最終的に全員が賞品を得ることができる「勝者」となります。

賞賛

祈り

1. 私は今日、救済すべき亡くなった人々に対して、どのようにして祈ることができましょうか？
2. 私たちは、あなたがトレーニングしているグループのために、どのように祈ることができますか？

学習

復習

イエスの教えの布教を助ける、聖書の中の8つのイエスの絵とは何ですか？

祈り
聖人のする3つの事とは何ですか？
私たちはどのようにして祈るべきですか？
神はどのようにして私たちに答えるのか？
神の電話番号は何ですか？

追従
召使いのする3つの事とは何ですか？
誰が世界で最も高い権威を持っているのですか？
イエスが全ての信者に下した4つの命令とは何ですか？
私たちはどのようにしてイエスに従うべきですか？
イエスがすべての信者に与えた約束とは何ですか？

歩み
息子のする3つの事とは何ですか？
イエスの奉仕の力の源は何ですか？
イエスは信者に磔刑の前で聖霊について約束したことは何でしょう？
イエスは受難の後、信者に聖霊に関して何を約束したのでしょう？
聖霊に関する、4つの従うべき命令とは何ですか？

行くこと
探求者のする3つの事とは何ですか？
どのようにして、イエスは務めを果たすべき場所を決定するのでしょう？
私たちはどのようにして務めを果たすべき場所を決心すればよいのでしょう？
もし神が働いているのなら、私たちはどのようにしてそれを知ることができますか？
イエスはどこで働いているのですか？
イエスは他のどの場所で働いているのですか？

イエスはどのようですか？

マタイによる福音書　第26章35節

ペテロは言った、「たといあなたと一緒に死なねばならなくなっても、あなたを知らないなどとは、決して申しません」。弟子たちもみな同じように言った。(CEV)

_____

🖐 剣をあげましょう。

兵士のする3つの事とは何ですか？

マルコによる福音書　第1章12-15節

それからすぐに、御霊がイエスを荒野に追いやった。

イエスは四十日のあいだ荒野にいて、悪魔の試みに遭われた。そして獣もそこにいたが、御使たちはイエスに仕えていた。ヨハネが捕らえられた後、イエスはガリラヤに行き、神の福音を宣べ伝えて言われた、「時は満ちた、神の国は近づいた。悔い改めて福音を信ぜよ。」（CEV）

1. _____

2. _____

3. _____

私たちはどのようにして悪魔を打ち負かすのですか？

黙示録　第12章11節

兄弟たちは、小羊の血と、自分たちのあかしのことばのゆえに彼に打ち勝った。彼らは死に至るまでもいのちを惜しまなかった。

1. _____

　　　🖐　「あなたの両手の掌をあなたの中指で指差しなさい−磔刑の文字を書きなさい」

2. _____

🖐 まるであなたが誰かに話しかけているかのように、口のまわりに手を碗状にあてなさい。

3. _____

🖐 まるで鎖のように、手首を重ねなさい。

最も強力な証言の概要は何ですか？

1. _____

🖐 あなたの左側を指差しなさい

2. _____

🖐 あなたの正面を指差しなさい。

3. _____

🖐 右を向き、手を上下に動かしなさい。

4. _____

🖐 あなたのこめかみを指差しなさい － まるであなたが質問について考えているかのように。

従うべき、重要なガイドラインは何ですか？

1. _____

2. _____

3. _____

節を覚えなさい

コリント人への手紙　第15章3-4節

わたしが最も大事なこととしてあなたがたに伝えたのは、わたし自身も受けたことであった。すなわちキリストが、聖書に書いてあるとおり、わたしたちの罪のために死んだこと、そして葬られたこと、聖書に書いてあるとおり、3日目によみがえったこと、…

練習

「ペアのうち、声の大きい方の人がリーダーで、先にする人です。」

塩と砂糖 ❡

エンディング

誰が40人の失われた人々の名前を書くことがで
きるでしょう？ CR

9

種まき

「種まき」は、種をまく人としてのイエスを紹介します。種
をまく人は、種を植え、彼らの地を耕し、そして多くの収穫
物を喜びます。イエスは種をまく人であり、彼は私たちの中
に生きています。私たちが彼に従うとき、私たちもまた種を
まく人です。私たちが少しだけしか蒔かないとき、私たちは
少ししか刈ることはできません。私たちがたくさん蒔くと
き、私たちはたくさん刈ることができます。

　私たちは人々の人生に何を蒔くべきでしょうか？シンプル
な福音だけが、彼らを変え、そして神の家族の下に戻すこと
ができます。私たちが、いったん、神が人の人生において生
きているということを知ったのならば、私たちはシンプルな
福音を彼らと共有します。私たちは、神の力が彼を救うこと
を知っています。

賞賛

祈り

1. 私は今日、救済すべき亡くなった人々に対して、どのようにして祈ることができましょうか？
2. 私たちは、あなたがトレーニングしているグループのために、どのように祈ることができますか？

学習

復習

イエスの教えの布教を助ける、聖書の中の8つのイエスの絵とは何ですか？

追従
召使いのする3つの事とは何ですか？
誰が世界で最も高い権威を持っているのですか？
イエスが全ての信者に下した4つの命令とは何ですか？
私たちはどのようにしてイエスに従うべきですか？
イエスがすべての信者に与えた約束とは何ですか？

歩み
息子のする3つの事とは何ですか？
イエスの奉仕の力の源は何ですか？
イエスは信者に磔刑の前で聖霊について約束したことは何でしょう？
イエスは受難の後、信者に聖霊に関して何を約束したのでしょう？
聖霊に関する、4つの従うべき命令とは何ですか？

行くこと
　探求者のする3つの事とは何ですか？
　どのようにして、イエスは務めを果たすべき場所を決定する
　のでしょう？
　私たちはどのようにして務めを果たすべき場所を決心すれば
　よいのでしょう？
　もし神が働いているのなら、私たちはどのようにしてそれを
　知ることができますか？
　イエスはどこで働いているのですか？
　イエスは他のどの場所で働いているのですか？

分かち合い
　兵士のする3つの事とは何ですか？
　私たちはどのようにして悪魔を倒しますか？
　パワフルな証言のアウトラインとは何ですか？
　従うべき大切なガイドラインは何ですか？

イエスはどのようですか？

　　マタイによる福音書第13章36-37節

　　それからイエスは、群衆をあとに残して家にはいら
　　れた。すると弟子たちは、彼のもとにきて言った、
　　「畑の毒麦のたとえを説明してください。」イエス
　　は答えて言われた、「良い種をまく者は、人の子で
　　ある。」（NASB）

_____

　種をまく人
　　🖐 手で種をまき散らしなさい。

種をまく人のする3つの事は何ですか？

マルコによる福音書第4章26-29節

また言われた、「神の国は、ある人が地に種をまくようなものである。夜昼、寝起きしている間に、種は芽を出して育って行くが、どうしてそうなるのか、その人は知らない。地はおのずから実を結ばせるもので、初めに芽、つぎに穂、つぎに穂の中に豊かな実ができる。実がいると、すぐにかまを入れる。刈入れ時がきたからである。」(CEV)

1. _____

2. _____

3. _____

シンプルな福音は何ですか？

ルカによる福音書第24章1-7節

週の初めの日、夜明け前に、女たちは用意しておいた香料を携えて、墓に行った。ところが、石が墓からころがしてあるので、中にはいってみると、主イエスのからだが見当たらなかった。そのため途方にくれていると、見よ、輝いた衣をきたふたりの者が、彼らに現れた。女たちは驚き恐れて、顔を地に伏せていると、このふたりの者が言った、「あなたがたは、なぜ生きた方を死人の中にたずねているのか。そのかたは、ここにはおられない。よみがえられたのだ。まだガリラヤにおられたとき、あなたがたにお話になったことを思い出しなさい。すなわち、人の子は必ず罪人らの手に渡され、十字架につ

けられ、そして3日目によみがえる、と仰せられたではないか。」

まず…

1. _____

   🖐 あなたの手で大きな円を作って下さい。

2. _____

   🖐 手を合わせなさい。

次に…

1. _____

   🖐 こぶしを上げ、戦うふりをしなさい。

2. _____

   🖐 手を合わせ、それからそれを引き離しなさい。

3番目に…

1. _____

   🖐 頭上に手を上げ、下にそれを下げる動きをしなさい。

2. _____

🖐 両手の中指を他方の手の掌につけなさい。

3. _____

🖐 まるで葬られたかのように、右肘を左の手で持ち、右の腕を後ろ側にしなさい。

4. _____

🖐 腕を3本の指で起こしなさい。

5. _____

🖐 外側を向いた掌で手を下にしなさい。それから、あなたの手を上げ、あなたの胸の植えでそれを交叉させなさい。

4つ目…

1. _____

🖐 あなたの手を、あなたが信じる方のほうへと挙げなさい。

2. _____

🖐 掌を外側にし、顔を隠します。顔は反対向きにします。

3. _____

✋ 手を碗状にしなさい。

4. _____

✋ 再び手を合わせなさい。

節を覚えなさい。

ルカによる福音書　第6章15節

良い地に落ちたのは、みことばを聞いたのち、これを正しい良い心でしっかりと守り、耐え忍んで実を結ぶに至るひとたちのことである。

練習

エンディング

使徒行伝第29章21節はどこですか？ ∞

使徒行伝第29章の地図 – パート3 ∞

10

受け入れ

「受け入れ」はセミナーの終わりのセッションです。イエス
は、私たちに、私たちの十字架を受け入れ、彼に毎日従うよ
う命じられました。使徒行伝第29章の地図は、イエスがそれ
ぞれの学習者に背負うよう命じた十字架の絵です。

　この最後のセッションでは、学習者たちは彼らの使徒行伝
第29章の地図をグループに見せます。それぞれのプレゼンテ
ーションの後で、グループはプレゼンターと使徒行伝第29章
の地図に手を当て、神の祝福と彼らの使命の選定のために祈
ります。グループはそれから、この命令を繰り返すことで、
プレゼンターの能力を試します。「あなたの十字架を受け入
れ、神に従いなさい」と3回言います。学習者たちは彼らの使
徒行伝第29章の地図を、全て終わるまで交代で示します。こ
のトレーニングの時間は、信奉者を育成する義務への崇拝の
歌と、認められた精神的なリーダーによる修了の祈りで終わ
ります。

賞賛

祈り

復習

イエスの教えの布教を助ける、聖書の中の8つのイエスの絵とは何ですか？

複製

財産管理人のする3つの事とは何ですか？
神の人類に対する最初の命令は何だったのでしょう？
神の人類に対する最後の命令は何だったのでしょう？
私たちはどのようにして、よく産み、繁殖するのですか？
イスラエルにある2つの海の名前は何ですか？
どうしてそれらはそんなに異なるのですか？
あなたはどちらのようになりたいですか？

愛

羊飼いのする3つの事とは何ですか？
他者に教えるべき、最も大事ないましめはなんですか？
愛はどこから来るのですか？
シンプルな崇拝とは？
私たちはどうしてシンプルな崇拝をするのですか？
シンプルな崇拝のためには、何人の人が集まれば良いのですか？

祈り

聖人のする3つの事とは何ですか？
私たちはどのようにして祈るべきですか？
神はどのようにして私たちに答えるのか？
神の電話番号は何ですか？

追従
　召使いのする3つの事とは何ですか？
　誰が世界で最も高い権威を持っているのですか？
　イエスが全ての信者に下した4つの命令とは何ですか？
　私たちはどのようにしてイエスに従うべきですか？
　イエスがすべての信者に与えた約束とは何ですか？

歩み
　息子のする3つの事とは何ですか？
　イエスの奉仕の力の源は何ですか？
　イエスは信者に磔刑の前で聖霊について約束したことは何でしょう？
　イエスは受難の後、信者に聖霊に関して何を約束したのでしょう？
　聖霊に関する、4つの従うべき命令とは何ですか？

行くこと
　探求者のする3つの事とは何ですか？
　どのようにして、イエスは務めを果たすべき場所を決定するのでしょう？
　私たちはどのようにして務めを果たすべき場所を決心すればよいのでしょう？
　もし神が働いているのなら、私たちはどのようにしてそれを知ることができますか？
　イエスはどこで働いているのですか？
　イエスは他のどの場所で働いているのですか？

分かち合い
　兵士のする3つの事とは何ですか？
　私たちはどのようにして悪魔を倒しますか？
　パワフルな証言のアウトラインとは何ですか？
　従うべき大切なガイドラインは何ですか？

種まき
　　種をまく人のする3つのこととは何ですか？
　　私たちの分かち合うシンプルな福音とは何ですか？

イエスが彼の信奉者たちに毎日するよう命じたことは何ですか？

ルカによる福音書　第9章23節

それから、みんなの者に、言われた、「だれでもわたしについてきたいと思うなら、自分を捨て、日々自分の十字架を負うて、わたしに従ってきなさい。」

_____

私たちの十字架を受け入れるよう呼ぶ4つの声とは何ですか？

天上からの声

マルコによる福音書　第16章15節

そして彼らに言われた。「全世界に出て行って、すべての造られたものに福音を宣べ伝えよ。」(NLT)

1. _____

　　✋ 空に向かって指を上げなさい。

ルカによる福音書　第16章27-28章

そこで彼は言った、「父よ、ではお願いします。わたしの父の家へつかわしてください。わたしに5人の兄弟がいますので、こんな苦しい所へ来ることがないように、彼らに警告していただきたいのです。」 *(HCSB)*

2. _____

　　🖐 地に向かって指を下げなさい。

コリント人への第一の手紙

わたしが福音を宣べ伝えても、それはおごりにはならない。なぜなら、わたしは、そうせずにはおれないからである。もし福音を宣べ伝えないなら、わたしはわざわいである。

3. _____

　　🖐心に向かって指をさしなさい。

使徒行伝第16章9節

ここで夜、パウロは一つの幻を見た。ひとりのマケドニヤ人が立って、「マケドニヤに渡ってきて、わたしたちを助けて下さい」と、彼に懇願するのであった。 *(NLT)*

4. _____

　　🖐 地に向かって手を碗状にし、「ここに来なさい」、という動作をなさい。

プレゼンテーション

使徒行伝第29章の地図 ∞

トレーナーのト
レーニング

このセクションは、どのようにしてトレーナーをトレーニングするかを詳細に書きます。まず、あなたが「一途な信奉者の育成」で他者をトレーニングした後に合理的に期待される効果をお教えしたいと思います。それから、あなたのトレーニングのプロセスを概観したいと思います。それは、最も重要な命令である、1)崇拝、2)祈り、3)学習、4)練習の4つです。最後に、私たちは、何千人ものトレーナーをトレーニングする間に発見した、トレーナーをトレーニングする鍵となるポイントを共有します。

結果

「一途な信奉者の育成」を修了した後、学習者は以下のことができるようになっているでしょう：

- 極めて再現性の高い訓練過程を基に、イエスへの服従に根ざした9つの基本的な信奉の在り方を教えること。
- イエスの信奉者を現す8つの明らかな絵を思い出すこと。
- 最も偉大な戒めに基づく、シンプルで小さな集団を率いること。
- 自信を持った表現で、力強い聖書と福音書を共有すること。

- 29の行動の地図を用いて、亡くなった者のもとにたどり着き、信奉者をトレーニングするための確固たるヴィジョンを提示すること。
- 信奉者のグループを始め（あるものは教会になります）、そして他者に同じことをするようトレーニングすること。

プロセス

それぞれのセッションは、同じフォーマットで始まります。

賞賛

- 10分間
- 誰かに、セッションを開き、神の祝福とグループ全員の導きのために祈るよう頼んでください。誰かに、いくつかの合唱歌もしくは賛美歌（コンテクストによります）を導くことに協力するよう頼んで下さい。楽器の使用はオプションです。

祈り

- 10分間
- 学習者たちが、以前組んだのとは違う人を選んでペアを組むようにアレンジしましょう。それぞれの学習者は、彼らのパートナーと以下の質問に対する答えを共有します。

  1. 私は今日、救済すべき亡くなった人々に対して、どのようにして祈ることができましょうか？
  2. 私たちは、あなたがトレーニングしているグループのために、どのように祈ることができますか？

- もしもパートナーがまだ誰もトレーニングした経験がないのならば、その人の影響力の及ぶ範囲にいる、トレーニングを始めるのに相応しい人のために祈りなさい。

学習

「イエスの教えの布教トレーニング」のシステムは以下のプロセスを利用します：賞賛、祈り、学習、そして練習です。このプロセスは、33ページからはじまるシンプルな崇拝モデルに基づいています。「イエスの教えの布教トレーニング」における10のレッスンにおいては、「学習」のセッションは以下のように記されています。

- 30分間
- すべての「学習」セッションは、「復習」から始まります。これは、キリストの8つの絵と、これまでマスターしたレッスンの復習です。このトレーニングの終わりまでには、学習者はすべてのトレーニングを暗記して復唱することができるようになるでしょう。
- 「復習」の後で、トレーナーもしくは見習いは、学習者に対して、いずれ交互にトレーニングをするのだから、よく聞くよう促し、現在のレッスンをトレーニングします。
- トレーナーがレッスンを示すとき、彼らは以下の過程をなすべきです。

    1. 質問をします。
    2. 聖書の一節を読みます。
    3. 学習者に対し、質問に答えるよう促します。

このプロセスは、神の言葉を、先生としてではなく、人生の権威として位置づけます。先生は、あまりにしょっちゅう、質問をし、答えを与え、そして答えを聖書の一節で補強しま

す。その課程は神の言葉よりもむしろ、権威としての先生を
もたらします。

- もし、学習者が質問に正しく答えなくても、正しては
  なりません。代わりに、参加者に、大声で聖書の中の
  一節を読み、再び答えるよう言いなさい。
- それぞれのレッスンは、節を覚えることで終わります。トレーナーと学習者は一緒に立ち、そして10回暗
  記する節を唱えます。まず、節の場所を言い、それか
  ら、節を言います。最初の6回は、学習者は自身の聖書
  や生徒手帳を使います。最後の4回は、節を暗記して言
  います。学習者は、彼らが節を引用する度に、節の参
  照個所を言い、そして言い終えたときに座らなくては
  いけません。

練習

- 30分間
- 前に、トレーナーは「祈り」の部分のために学習者を
  分けました。彼らの祈りのパートナーは、彼らの練習
  のパートナーでもあります。
- それぞれのレッスンは、誰がペアの「リーダー」にな
  るか選ぶ方法があります。リーダーは最初に教える人
  です。トレーナーはグループのペアで、リーダーを選
  ぶやり方を伝えます。
- トレーナーを真似して、リーダーは彼らのパートナー
  をトレーニングします。トレーニングの期間は復習と
  新しいレッスンを含み、そして節の暗記で終わらなく
  てはなりません。学習者は、「節を覚えなさい」を復
  唱し、そして言い終えたときに座らなくてはいけませ
  ん。これにより、トレーナーはどの学習者が終わった
  か見ることができます。
- ペアの最初の人が終わったら、2人目の人がこのプロセ
  スを繰り返します。このことにより、彼らもまたトレ

ーニングができます。ペアが、近道をしてレッスンを端折ることのないよう注意しなさい。
- 彼らが練習している間、あなたに正確に従っているか確かめるために部屋を歩いて回りなさい。手振りをさぼっていることは、あなたの真似をしていないということを意味します。あなたのスタイルをコピーすべきであることを、何度も強調しなさい。
- 彼らに新しいパートナーを探させ、そしてまた練習するようにさせなさい。

エンディング

- 20分間
- ほとんどのセッションは学習活動の実践によって終わります。学習者たちに、彼らの使徒行伝第29の地図に対して働く時間を十分にとらせ、彼らが働くとき、歩きまわって他の人々の考えを見ることを促しなさい。
- 必要なアナウンスメントを行い、そしてそれから誰かにセッションにおける祝福のために祈るよう言いなさい。前に祈ったのとは違う人に祈るよう言いなさい。トレーニングの最後までには、皆が、最低1回は祈るべきです。

シンプルな礼拝

シンプルな礼拝は、イエスの教えの布教トレーニングにおける重要な部分です。それは、信奉者の育成のための鍵となるスキルの１つです。偉大な戒律に基づき、シンプルな礼拝は、人々に、どのようにして神を心から、魂から、精神から、そして力を尽くして神を愛するための命令に従うかを教えます。

　私たちは、私たちは、神の愛を心から愛しますから、私たちは神を賞賛します。私たちは神を魂から愛しますから、私たちは祈ります。私たちは、神を精神から愛しますから、私たちは聖書を学びます。私は神を全力で愛しますから、私たちは他者とそれを分かち合うため、学んだことを練習します。」

　神は、シンプルな礼拝ができると見いだされた場所ならどこでも、家、レストラン、講演、日曜学校、パゴダでさえ、東南アジア中の小さなグループを祝福なさいました。

プロセス

- 人々を4つのグループにわけなさい。
- それぞれの人々は、シンプルな礼拝の違う部分を担当します。
- シンプルな礼拝を練習するときは毎回、学習者に、トレーニングの最後で彼らがそれぞれのパートを最低2回はやったことがあるようにするため、彼らの導くシンプルな礼拝の部分をローテーションさせるようにします。

賞賛

- 1人の人が、2つの合唱歌または賛美歌（あなたのコンテクストによる）を歌うことでグループを率います。
- 楽器はいりません。
- トレーニングのセッションにおいて、学習者に、まるで彼らがカフェのテーブルに一緒に座っているかのように彼らのイスを置くよう言いなさい。
- 全てのグループは、異なった歌を歌います。それは良いことです。
- グループに対し、今はグループとして心から神を賞賛する時間であって、どのグループが最も大きな声で歌えるかを競う時間ではないことを告げなさい。

祈り

- 別の人（賞賛を導いたのとは違う人）がグループの祈りの時間を率います。
- 祈りのリーダーは、それぞれの祈りのためのグループのメンバーにリクエストを聞き、それを書きます。
- 祈りのリーダーは、グループが再び出会うまで、これらのアイテムのために祈る義務があります。
- それぞれの人がその祈りのリクエストを分かち合った後、祈りのリーダーはグループのために祈ります。

学習

- グループ内の別の人がグループの学習の時間を率います。
- 学習のリーダーは聖書の中の話を彼または彼女自身の言葉で伝えます。私たちは、最低でも最初は、福音の中のお話をお勧めします。

- グループによっては、あなたは学習リーダーにまず聖書の話を読み、そしてそれを彼ら自身の言葉で伝えるよう言います。
- 学習リーダーが聖書の話を伝えた後で、彼らは3つの質問をします。

  1. この話は、神について私たちにどんなことを教えますか？
  2. この話は、人々について私たちにどんなことを教えますか？
  3. 私がイエスに従うことを助けるため、この話から学ぶべきことは何ですか？

- グループは、学習リーダーがディスカッションが終わろうとしていると感じるまで、それぞれの質問をともに検討します。それから、リーダーは次の質問に移ります。

練習

- 4人グループ内の別の人がグループの練習の時間を率います。
- 練習リーダーは、グループがレッスンを再び復習し、そして皆がレッスンを理解し、他者に教えることができることを確かめます。
- 練習リーダーは、学習リーダーが言ったのと同じ聖書の話をします。
- 練習リーダーは、学習リーダーがしたのと同じ質問をし、そしてグループは再びそれぞれの質問をディスカッションします。

エンディング

- シンプルな礼拝のグループは、別の賛美歌を歌うこと、もしくは、神の祈りを一緒に言うことで終わりになります。

さらなる学習

列挙したトピックに関するより深いディスカッションについては、以下の資料を参照して下さい。ミッション・ワークが新しくなされるエリアにおいて、これは聖書の次に翻訳されるべき最初の本の良いリストにもなるでしょう。

Billheimer, Paul (1975). *Destined for the Throne.* Christian Literature Crusade.

Blackaby, Henry T. and King, Claude V (1990). *Experiencing God: Knowing and Doing the Will of God.* Lifeway Press.

Bright, Bill (1971). *How to Be Filled with the Holy Spirit.* Campus Crusade for Christ.

Carlton, R. Bruce (2003). *Acts 29: Practical Training in Facilitating Church-Planting Movements among the Neglected Harvest Fields.* Kairos Press.

Chen, John. *Training For Trainers (T4T).* Unpublished, no date.

Graham, Billy (1978). *The Holy Spirit: Activating God's Power in Your Life.* W Publishing Group.

Hodges, Herb (2001). *Tally Ho the Fox! The Foundation for Building World-Visionary, World Impacting, Reproducing Disciples.* Spiritual Life Ministries.

Hybels, Bill (1988). *Too Busy Not to Pray.* Intervarsity Press.

Murray, Andrew (2007). *With Christ in the School of Prayer.* Diggory Press.

Ogden, Greg (2003). *Transforming Discipleship: Making Disciples a Few at a Time.* InterVarsity Press.

Packer, J. I (1993). *Knowing God.* Intervarsity Press.

Patterson, George and Scoggins, Richard (1994). *Church Multiplication Guide.* William Carey Library.

Piper, John (2006). *What Jesus Demands from the World.* Crossway Books.

www.ingramcontent.com/pod-product-compliance
Lightning Source LLC
Chambersburg PA
CBHW070543030426
42337CB00016B/2333